TODO DIA COM A BEL

Diretora
Rosely Boschini

Gerente Editorial
Marília Chaves

Editora e Supervisora
de Produção Editorial
Rosângela de Araujo Pinheiro Barbosa

Assistentes Editoriais
César Carvalho e Natália Mori Marques

Controle de Produção
Karina Groschitz

Projeto Gráfico,
Diagramação e Capa
Vanessa Lima

Revisão
Editora Gente

Fotos
Arquivo pessoal,
Tatiana Schmidt e Bárbara Lopes

Impressão
Arvato Bertelsmann

Única é um selo da Editora Gente.

Copyright © 2016 by Isabel Peres Magdalena
Todos os direitos desta edição
são reservados à Editora Gente.
Rua Pedro Soares de Almeida, 114, São Paulo,
SP - CEP 05029-030
Telefone: (11) 3670-2500
Site: http://www.editoragente.com.br
E-mail: gente@editoragente.com.br

Dados Internacionais de Catalogação na Publicação (CIP)
Angélica Ilacqua CRB-8/7057

Todo dia com a Bel | Bel para Meninas. — São Paulo : Única, 2016.
160 p. : il., color.

ISBN: 978-85-67028-97-2

1. Literatura infantojuvenil 2. Entretenimento I. Título

16-0919   CDD 028.5

Índices para catálogo sistemático:
1. Literatura infantojuvenil 028.5

Todo dia com você

Oi, aqui é a Bel! 😁

Gostou do meu primeiro livro e sentiu a minha falta? Eu também estava com muita saudade de estar mais perto de você! Meu novo livro é para ficarmos juntos novamente ♡

Nas próximas páginas, vou te ajudar a planejar cada dia da semana e a registrar momentos de alegria e felicidade do seu dia. Com frases, pensamentos, fotos e muito amor, este livro é para você escrever junto comigo.

No meu primeiro livro, compartilhei todos os meus segredos. Agora, é a sua vez de me contar tudo!

Um beijinho doce com gosto de amizade! 😗

COLE AQUI
SUA FOTO
3X4
:)

Este caderno pertence a

_____

datas especiais
ANIVERSÁRIOS, FÉRIAS ESCOLARES ETC.

mês

segunda

terça

sexta

★ sábado

quarta

quinta

domingo

NOTA DA SEMANA

mês

segunda | terça | quarta

Coisas novas que aprendi:

quinta

sexta

Coisas que posso melhorar:

sábado

domingo

A melhor maneira de entender alguém é se colocar no lugar do outro

mês

segunda

terça

sexta

★ sábado

quarta

quinta

domingo

NOTA DA SEMANA

mês

segunda   terça   quarta

A boa ação que eu fiz hoje foi:

quinta

sexta

Não posso me esquecer de:

sábado

domingo

mês

segunda

terça

sexta

★ ## sábado

quarta

quinta

domingo

NOTA DA SEMANA

mês

segunda | terça | quarta

O melhor conselho que eu recebi foi:

quinta

sexta

O que mais me deixou feliz essa semana foi:

sábado

domingo

mês

segunda

terça

sexta

★ sábado

quarta

quinta

domingo

NOTA DA SEMANA

quinta

sexta

A música que não saiu da minha playlist:

sábado

domingo

Às vezes a gente se perde **pensando** em como tudo vai ser quando a gente crescer

mês

segunda

terça

sexta

★ sábado

★

quarta

quinta

domingo

NOTA DA SEMANA

mês

segunda | terça | quarta

A viagem que eu quero muito fazer é para:

quinta

sexta

A comida que eu mais gostei de comer:

sábado

domingo

segredos

mês

segunda

terça

sexta

★ sábado

★

quarta

quinta

domingo

NOTA DA SEMANA

mês

segunda   terça   quarta

A música que eu não vejo a hora de cantar no karaokê:

quinta

sexta

sábado

domingo

Precisamos aprender a viver o **Presente** porque o passado já se foi e o **futuro** não sabemos como vai ser

mês

segunda

terça

sexta

★ ## sábado

★

quarta

quinta

domingo

NOTA DA SEMANA

mês

segunda

terça

quarta

A mentira que eu preciso parar de contar:

quinta | sexta

O pior mico do ano:

sábado | domingo

mês

segunda

terça

sexta

★ ## sábado

quarta

quinta

domingo

NOTA DA SEMANA

mês

segunda | terça | quarta

A matéria menos preferida:

quinta

sexta

O vídeo preferido do YouTube:

sábado

domingo

mês

segunda

terça

sexta

★ sábado

quarta

quinta

domingo

NOTA DA SEMANA

mês

segunda | **terça** | **quarta**

A foto que mais curtiram no meu Instagram:

quinta

sexta

A mensagem no WhatsApp que eu só visualizei e não respondi:

sábado

domingo

mês

segunda

terça

sexta

★ sábado

★

quarta

quinta

domingo

NOTA DA SEMANA

mês

segunda terça quarta

O filtro do Snap que eu amo usar:

quinta

sexta

O Tweet que eu tive que retuitar:

sábado

domingo

sonhos

mês

segunda

terça

sexta

★ sábado

★

quarta

quinta

domingo

NOTA DA SEMANA

mês

segunda   terça   quarta

Meu emprego dos sonhos é:

quinta | sexta

Meu destino de férias do sonho é:

sábado | domingo

Nossos *pais* nos amam muito mais do que imaginamos

mês

segunda

terça

sexta

★ sábado

quarta

quinta

domingo

NOTA DA SEMANA

mês

segunda | terça | quarta

O presente que eu preciso me dar:

quinta

sexta

O melhor conselho que eu já fui capaz de dar a alguém:

sábado

domingo

mês

segunda

terça

sexta

★ sábado

★

quarta

quinta

domingo

NOTA DA SEMANA

mês

segunda   terça   quarta

Meu último pensamento antes de dormir é:

quinta

sexta

e meu primeiro pensamento ao acordar é:

sábado

domingo

recordações

mês

segunda

terça

sexta

★ ## sábado

quarta

quinta

domingo

NOTA DA SEMANA

mês

segunda | terça | quarta

Uma habilidade que eu gostaria de aprender:

quinta

sexta

meu maior talento:

sábado

domingo

Quando precisar de mim, pode contar comigo

mês

segunda

terça

sexta

★ sábado

★

quarta

quinta

domingo

NOTA DA SEMANA

mês

segunda | terça | quarta

 A série em que mais estou viciada:

quinta | sexta

minha atriz e meu ator preferidos:

sábado | domingo

mês

segunda

terça

sexta

★ ## sábado

★

quarta

quinta

domingo

NOTA DA SEMANA

mês

segunda | terça | quarta

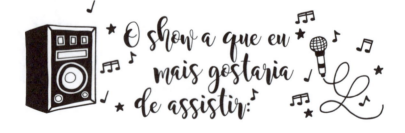
O show a que eu mais gostaria de assistir:

quinta

sexta

O par perfeito para um dueto seria:

sábado

domingo

esperança

mês

segunda

terça

sexta

★ sábado

★

quarta

quinta

domingo

NOTA DA SEMANA

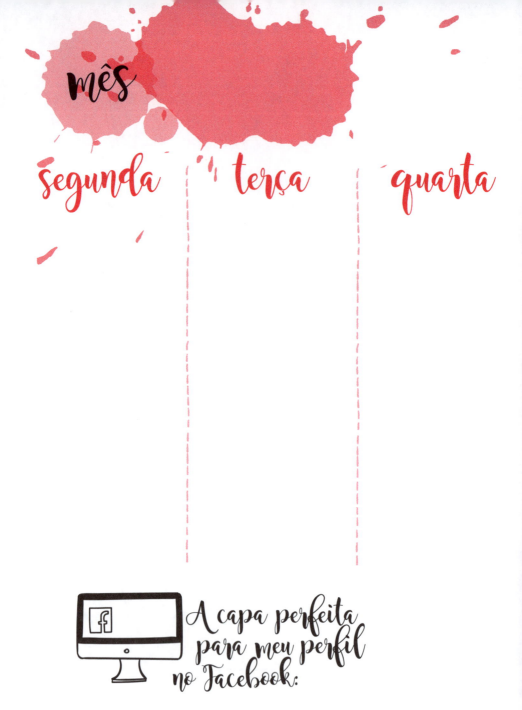

mês

segunda | terça | quarta

A capa perfeita para meu perfil no Facebook:

quinta

sexta

Um post que eu sempre compartilho:

sábado

domingo

compaixão

mês

segunda

terça

sexta

★ ## sábado

quarta

quinta

domingo

NOTA DA SEMANA

mês

segunda | terça | quarta

Em eventos chatos, o que me distrai é:

quinta

sexta

Aquela pessoa que só conta piadas ruins: :P

sábado

domingo

gargalhadas

mês

segunda

terça

sexta

★ **sábado**

quarta

quinta

domingo

NOTA DA SEMANA

mês

segunda | terça | quarta

 Meu amigo mais engraçado:

quinta

sexta

O amigo a quem confio com meus maiores segredos:

sábado

domingo

sabedoria

mês

segunda

terça

sexta

★ sábado

★

quarta

quinta

domingo

NOTA DA SEMANA

mês

segunda | terça | quarta

O melhor filme para assistir em dias frios:

quinta | sexta

sábado | domingo

Quanto mais a gente **agradece**, mais coisas boas acontecem

mês

segunda

terça

sexta

★ ## sábado

★

quarta | quinta

domingo

NOTA DA SEMANA

mês

segunda | terça | quarta

O melhor livro que já me recomendaram:

quinta | sexta

O livro que eu quero que todos os meus amigos leiam é:

sábado | domingo

mês

segunda

terça

sexta

★ ## sábado

quarta

quinta

domingo

NOTA DA SEMANA

mês

segunda   terça   quarta

A melhor
pegadinha
da história:

quinta | sexta

Meu feriado preferido:

sábado | domingo

Não adianta *sonhar* e ficar sentada de braços cruzados, temos que *correr* atrás daquilo que queremos

mês

segunda

terça

sexta

★ ## sábado

★

quarta

quinta

domingo

NOTA DA SEMANA

mês

segunda | terça | quarta

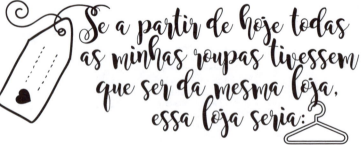

Se a partir de hoje todas as minhas roupas tivessem que ser da mesma loja, essa loja seria:

quinta

sexta

Um penteado ou corte de cabelo que vou fazer quando criar coragem:

sábado

domingo

mês

segunda

terça

sexta

★ sábado

quarta

quinta

domingo

NOTA DA SEMANA

mês

segunda   terça   quarta

A música que mais canto no chuveiro:

quinta

sexta

O animal de estimação perfeito é:

sábado

domingo

diversão

mês

segunda

terça

sexta

★ sábado

quarta

quinta

domingo

NOTA DA SEMANA

mês

segunda

terça

quarta

Meu maior crush de todos os tempos:

quinta | sexta

Meu lugar preferido para passar o tempo:

sábado | domingo

mês

segunda | terça | quarta

A maior surpresa que eu já tive foi:

quinta

sexta

Algo que eu gostaria de contar para minha mãe, mas não tenho coragem:

sábado

domingo